Sticker-Anziehpuppen

Tänzerinnen

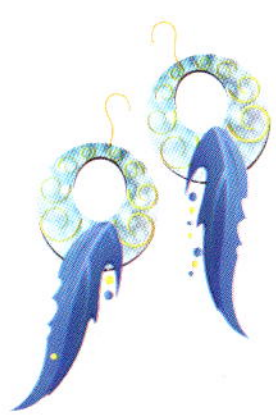

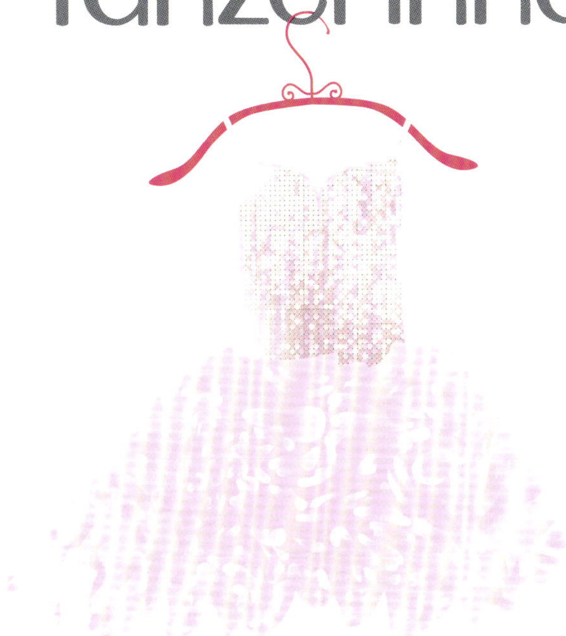

arsEdition

Schwanensee

Cheerleader im Stadion

Tanz um den Maibaum

Breakdance

Samba am Strand

Musikfestival

1

Eisdisco

Im Ballettsaal

Abschlussball

Let's dance!

Tanz ins Glück

Kennst du die schon?

ISBN 978-3-8458-1564-0

ISBN 978-3-8458-1391-2

ISBN 978-3-8458-1656-2

Du möchtest noch mehr von uns kennenlernen?

FSC
www.fsc.org
MIX
Papier | Fördert gute Waldnutzung
FSC® C018278

Friedrichstraße 9, 80801 München
service@arsedition.de

Illustration und Gestaltung: Eva Schindler
Bildnachweis: Bildnachweis: Fotolia: annzabella, PrettyVectors, Anna Velichkovsky, fotografiedk, vik_y, trokerr, vasilyrosca, Rogatnev, Merggy, kiberstalker, zeber, klerik78, James Thew, lawangdesign; Getty Images / Thinkstock

ISBN 978-3-8458-2148-1

www.arsedition.de